DEBUT D'UNE SERIE DE DOCUMENTS
EN COULEUR

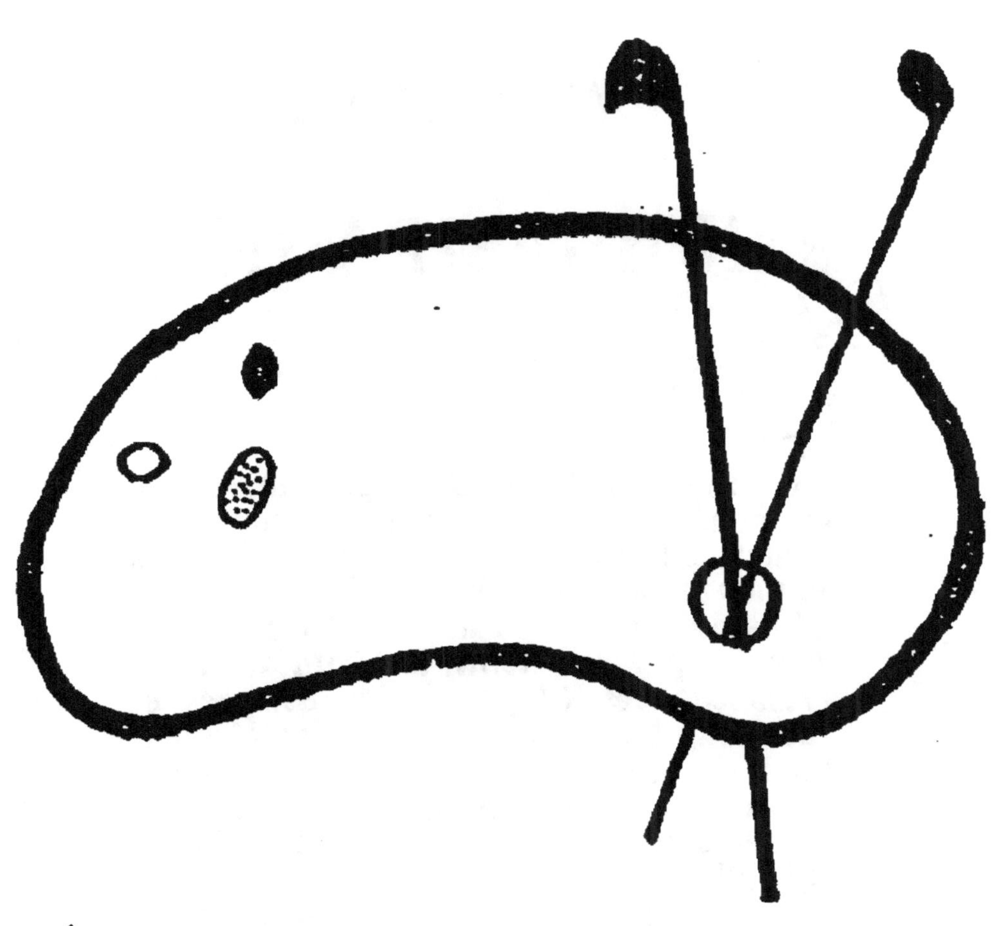

**FIN D'UNE SERIE DE DOCUMENTS
EN COULEUR**

QUATRE JOURS

EN CHAMPAGNE

Champagne, jadis *Champaigne*, devait son nom à ses plaines, à ses champs sans bornes, à sa « Champagne », craie marâtre où pas un arbre ne brisait l'horizon. Elle fut habitée, avant et depuis l'invasion des Romains par les *Remi*, les *Catalauni*, les *Tricasses*, les *Lingones*, les *Senones* et une partie des *Meldæ;* ces contrées faisaient partie de la Gaule *chevelue*, *Gallia comata*, et plus tard, lors de la division ordonnée par Auguste, de la Gaule celtique et belgique.

Cette province était régie par diverses coutumes: celles de Troyes, de Meaux et de Chaumont étaient remarquables par un usage singulier, la *noblesse du ventre*. Voici quelle en fut l'origine. Les croisades, et surtout la désastreuse bataille d'Azincourt ayant fait périr une partie des héritiers mâles des plus nobles familles, les femmes de haut lignage reçurent le privi-

lège d'anoblir les *vilains* qui les épouse-
raient ; de là le proverbe, *en Champagne
le ventre anoblit.*

L'adage : *quatre-vingt-dix-neuf moutons et un champenois font cent*, était de-
venu proverbe ; proverbe aussi injuste
qu'injurieux pour cette province, qui a
produit tant d'illustrations ; cependant
l'origine de ce dicton n'est rien moins
qu'offensante pour l'honneur des Champenois. Les troupeaux faisaient la principale
richesse du pays. César imposa à tous les
propriétaires une lourde taxe. Sur leurs ré-
clamations, la taxe ne s'étendit qu'aux
troupeaux de cent têtes et au-dessus.
Alors les propriétaires se concertèrent
pour éluder l'impôt et ne présentèrent aux
préposés du fisc que des troupeaux de
quatre-vingt-dix-neuf moutons. César, re-
connaissant la ruse, ordonna que le ber-
ger compterait pour un mouton. Je préfère
cette interprétation à celle de certains ar-
chéologues ; ils veulent que ce proverbe
malséant vienne de ce que le mot latin
Campanus, qui veut dire Champenois, sert
également à désigner les habitants de
l'ancienne Campanie, laquelle passait pour
être peuplée de sots.

La plaine champenoise de l'Aisne à la
Seine, sur les deux rives de la Marne est le
pays de France où il pleut le moins ; ainsi
Reims ne reçoit annuellement que 449 millimètres, alors que la moyenne officielle
est de 770 millimètres en 140 jours. Et
pourtant la Champagne est humide.

Parce qu'il y pleut souvent, par goutte-
lettes, tandis que dans les villes du midi et
en Algérie, il pleut par seaux d'eau, mais
rarement.

« La goutte d'eau, dit le vers latin, perce
la pierre à force de tomber. De même,
c'est en mouillant paisiblement, mais souvent la terre, que la pluie entretient la ver-
dure, habille les arbres, adoucit les cieux,
évoque les sources et trace les rivières. ».

Le département de la Marne où nous arrivons est très peu dense; vaste pays, assez
petit peuple. Cela tient à deux causes : à
la vaste étendue des bois et forêts et à la
dure aridité des craies de la Champagne
Pouilleuse, plaine qui réclame la moitié du
sol de la Marne.

Ce département est formé de la Champagne propre, du Rémois et du Châlonnais,
pays de l'ancienne Champagne; sa capitale,
Châlons-sur-Marne, est presque un néant
quand on la compare, elle, la vieille bour-
gade des Celtes Catalauni, à Reims, située
au point de contact de la plaine pouilleuse
et des collines du bassin de Paris, Reims
fileuse, tissouse et teinturière en laines, au
pied d'une splendide cathédrale.

Reims a une population de 104,000 habitants; très étendue, mais un peu triste,
cette ville est construite sur la rive droite
de la Vesle, cours d'eau pur en amont,
sordide en aval, tant cette grande cité de
fabriques y verse de débris.

Sous le nom de *Durocortorum*, Reims
fut au temps de la conquête romaine la

principale cité de la Gaule Belgique ; elle prit ensuite le nom de la peuplade gauloise qui l'avait fondée, les *Remi* ou *Remigi*.

Capitale de la deuxième Belgique, les empereurs la décorèrent de plusieurs beaux édifices. Convertie, en 360, à la religion chrétienne, Saint–Rémi, son évêque, y donna, en 496, le baptême à Clovis et à trois mille chefs des Francs. C'est là qu'il joignit à l'eau salutaire la cérémonie du sacre et l'onction d'huile bénite, cérémonie renouvelée par Philippe-Auguste, et depuis lui par tous ses successeurs jusqu'à Louis XVI inclusivement, excepté Henri IV, qui se fit sacrer à Chartres. Charles X est le dernier roi de France qui ait reçu l'onction sainte à Reims, en 1825. En 774 Reims fut érigée en archevêché.

C'est cette grande et curieuse ville que l'*Association provinciale des Architectes français* avait choisie pour y tenir ses assises les 15, 16, 17 et 18 juin. Comme toujours, les séances ont alterné avec les excursions dont l'intelligente organisation due à nos confrères de la Marne et de l'Aisne avait été préparée d'une façon merveilleuse.

Notre première visite fut pour l'Hôtel de Ville, où le Maire avait mis gracieusement la salle des mariages à notre disposition. A la suite de la première séance, M. Brunette, architecte de la ville de Reims, avec une délicate attention, nous fit distribuer un charmant opuscule illustré reproduisant les monuments principaux de cette belle cité.

Nous ne pouvons mieux faire que de couper largement dans sa remarquable brochure : « La première pierre de l'Hôtel de Ville qui occupe à peu près le centre de l'ancienne ville gallo-romaine, fut posée en 1627 par Nicolas Lépagnol, lieutenant des habitants.

» Plusieurs architectes prirent part à sa construction. Nous citerons le nom du premier, Jean Bonhomme. Il fut achevé par MM. N. et E. Brunette.

» La façade avec ses superpositions de colonnes, ses entablements, ses bandeaux, ses fenêtres avec triglyphes et ses R entrelacées de rinceaux, rappelle dans son ensemble, l'architecture de la Renaissance italienne. A la base du motif du fronton et reposant sur la corniche, se trouve la statue en pierre de Louis XIII, par Milhomme, qui remplaça celle en pierre bronzée, brisée en 1792.

» Au premier étage se trouvent le musée rétrospectif, la bibliothèque qui contient plus de 160,000 volumes et 1,800 manuscrits, ainsi que de rares et précieuses éditions qui lui donnent une valeur littéraire exceptionnelle. »

Nous quittons l'Hôtel de Ville pour nous rendre à la cathédrale où nous sommes reçus aux sons des orgues remplissant les voûtes du splendide monument de leurs merveilleux accords pendant que M. Brunette, un virtuose remarquable, accompagne notre visite des prestigieux accents de son violon.

« *La cathédrale Notre-Dame*, un des plus beaux monuments de la Chrétienté, est l'œuvre de plusieurs siècles (1211 à 1500). Le portail occidental est une magnifique conception du Moyen Age avec ses trois voussures, sa grande rose, sa galerie des rois. Les tours ont 81 m. 50 de haut. Le portail du Nord offre l'histoire de Saint-Nicaise et de Saint-Rémi. Au tympan de la porte latérale de gauche, est représenté le jugement dernier et sur le trumeau la statue du *Beau-Dieu*, œuvre remarquable. L'intérieur mesure 138 m. 70 de longueur sur 30 m. 10 de largeur, la hauteur des voûtes est de 38 mètres. On remarque la profusion des statues et les vitraux (XIII° siècle), représentent dans le chœur des rois de France et des archevèques de Reims. La petite rose du transept sud, contient les apôtres avec leurs attributs. Mais rien n'égale la grande rose du portail, d'une magnificence et d'une richesse de coloris remarquables. Non moins intéressantes sont les tapisseries du fort roi Clovis (fin du XV° siècle) et celles données, en 1530, par Robert de Lenoncourt, consacrées à *l'Histoire de la Vierge*, de même que les tapisseries dites de Pepersack, données en 1633 par l'archevèque Henri de Lorraine et reproduisant diverses scènes de *la Vie du Christ*. Le *Trésor* renferme de précieux ouvrages d'orfèvrerie, de riches ornements, etc. »

L'ancienne cathédrale de Reims, bâtie par Ebon, datait du ix° siècle; elle fut complètement détruite par un incendie en 1211. L'archevêque Albéric de Humbert, chargea Robert de Coucy de sa reconstruction. Son plan fut vaste, mais peu proportionné aux ressources dont il disposait; aussi, n'a-t-il dû mener son œuvre que jusqu'à la hauteur des voûtes des bas-côtés, bien qu'il eût conçu un édifice devant atteindre des dimensions colossales. Néanmoins, ses successeurs respectèrent ses plans, ce qui donne à l'ensemble un caractère d'unité si remarquable.

Le 24 juillet 1481, un nouvel incendie dévora toutes les charpentes; Louis XI prit si mal cette nouvelle qu'il eut un instant la pensée de remplacer le chapitre par des moines.

Et cependant, tout éloigné qu'il est des projets de Robert de Coucy, malgré ses modifications, malgré ses mutilations, ce splendide monument est un des rares de France pouvant donner une idée de ce que devait être une cathédrale conçue par un architecte du commencement du xiii° siècle.

Notre promenade de l'après-midi devait nous conduire à *l'Hôpital général* et à *l'Hôtel-Dieu* que, le temps manquant, nous sommes obligés de brûler; nous en dirons cependant quelques mots, d'après M. Brunette :

« *Hôpital général.* — Ancienne maison des Jésuites (xvii° siècle), où se remarquent les peintures d'Hellart, dans le réfectoire,

et les riches boiseries sculptées qui ornent l'ancienne salle de la bibliothèque transformée de nos jours en lingerie.

» *Hôtel-Dieu.* — Installé en 1827, dans les dépendances de l'abbaye de Saint-Rémi, l'Hôtel-Dieu offre encore, dans ses salles, quelques vestiges de leur première destination. L'ancienne bibliothèque des religieux a conservé ses magnifiques boiseries, œuvre de l'artiste rémois Blondel, et le grand escalier de la cour d'honneur sa belle rampe en fer forgé.

» Une partie du cloître de l'Hôtel-Dieu a été récemment transformée en musée lapidaire. Parmi les nombreux fragments archéologiques qui y ont été déposés, il en est un qui offre un grand intérêt. C'est le tombeau de Jovin, préfet des Gaules, général et consul romain, mort en 370 avant Jésus-Christ. Ce sarcophage en marbre blanc, orné d'une frise en haut relief, dégagée dans la masse, représente une chasse princière au lion. C'est une œuvre sculpturale du IVe siècle.

» Transporté à la suite de la démolition de l'église Saint-Nicaise, où il se trouvait, à la cathédrale, puis dans la crypte de la chapelle de l'Archevêché, il a été, en dernier lieu, placé à l'endroit qu'il occupe actuellement. Ce tombeau est un des plus beaux spécimens de l'art romain. »

Nous entrons à Saint-Rémi, que M. Gosset a bien voulu se charger de nous faire visiter. Simple chapelle dédiée à Saint-Christophe, le corps de Saint-Rémi y fut déposé en l'an 600. Successivement, Thierry, Pierre de Celles, Jean Canart et Robert de Lenoncourt, élevèrent les diverses parties de l'église actuelle, de 1049 à 1481. L'on y sacra longtemps les rois de France.

M. Gosset nous fait remarquer que tout inspire le respect dans ce monument ; la proportion de la largeur à la hauteur est de 1 : 2, tandis que la cathédrale représente l'exaltation avec la proportion de 1 : 3.

En 1838, l'église tombait en ruines, et c'est grâce aux protestations de M. N. Brunette, qui consacra à sa restauration son talent et son âme d'artiste, que l'on doit d'avoir conservé à l'ensemble de l'édifice sa beauté et son caractère.

En sortant de Saint-Rémi, nous montons en voiture et nous rendons aux caves Pommery que M. Gozier veut bien nous faire visiter.

Nous descendons 110 marches et suivons d'immenses galeries creusées dans le massif crayeux compact à environ 25 mètres de profondeur ; la longueur de ces galeries représente plus de 5 kilomètres ; de chaque côté sont empilées d'innombrables bouteilles de vin de champagne ; de place en place d'énormes trémies font pénétrer la lumière du jour ; elles sont ornées de superbes bas-reliefs sculptés par Navelet : *les petits vendangeurs, la fête de Bacchus, le champagne au* XVIIIe SIÈCLE, *le triomphe de Silène.*

Après nous avoir fait visiter tous les ateliers et magasins, après nous avoir fait assister à toutes les opérations, à toutes les manipulations par lesquelles passe le vin de champagne, l'aimable représentant de la Maison Pommery a tenu à nous faire déguster un des meilleurs crus, ce qui n'a pas été un des moindres attraits de notre visite.

En revenant, nous nous arrêtons devant l'arc de triomphe de Mars, qui fut probablement élevé en l'honneur de l'empereur Julien, lorsqu'en 360, il revint à Reims après avoir défait les Germains.

C'est une construction romaine de la décadence, fort bien restaurée et offrant un certain intérêt.

2ᵉ Journée. — Nous partons pour Laon à 7 heures du matin, où nous sommes reçus à la cathédrale par MM. Gauthier et Marquiset, après avoir gravi les trois cents marches qui mènent du chemin de fer à la ville.

Laon est la capitale du pays picard, Thiérache et Vermandois, ville haute, perchée au-dessus de l'Ailette et du val de l'Ardon, autour d'une cathédrale dont l'harmonieuse façade rivalise avec celle même de Notre-Dame de Paris. En réalité, cette froide et aujourd'hui morne cité, porte le même nom que Loudun et que Lyon, puisque les Romains l'appelaient, d'après les celtes, *Laudunum* ou *Lugdunum*.

La cathédrale est un monument très remarquable du xiiiᵉ siècle dont les quatre tours dominent tout le pays au-dessus d'un vaste entonnoir cultivé, appelé *Cuve de*

Saint-Vincent. Son abside est carrée, comme celle de plusieurs églises des provinces environnantes.

Derrière la cathédrale, se trouve *le palais de justice, ancien palais épiscopal,* d'une date antérieure à l'église et encore assez curieux malgré ses restaurations.

La *Chapelle des Templiers* ou de la *commanderie de Laon* est située au milieu d'un ravissant jardin. Construite vers le milieu du XIIe siècle, son plan forme un octogone avec un porche ou *narthex* et une abside. Les dispositions de ces chapelles exiguës indiquent assez que les chevaliers du Christ ou du Temple n'admettaient pas le public pendant les cérémonies religieuses.

Après avoir visité l'église Saint-Martin, monument des XIIe et XIIIe siècles, nous entrons à l'Hôtel-Dieu, dont le grand escalier est remarquable par la hardiesse de sa construction.

Puis nous passons rapidement devant les anciennes portes de la ville, l'heure nous presse, nous devons être à midi à *Coucy-le-Château* où nous attend un excellent déjeuner à l'hôtel de *la Pomme d'or.*

Coucy, la ville des Enguerrands qui disaient : « Ne suis ne roi, ne prince, ne duc ne comte aussi; je suis le sire de Coucy. » De ces seigneurs puissants en France, le plus puissant, celui qui pouvait détrôner saint Louis enfant et qui ne le voulut point, bâtit sur un promontoire de l'Ailette un colossal château dont il reste des murs, des tours et un donjon qui n'a point de rivaux au monde. Haut de 55 m., avec plus de 30 m. de diamètre et des murailles de 1 à 8 mètres d'épaisseur, le donjon de Coucy, fait de 1225 à 1230, est un de ces monuments dont on dit qu'ils semblent bâtis pour l'éternité : contemporain des cathédrales, il témoigne avec elles pour la gloire de nos ancêtres.

Vers 1400, le duc Louis d'Orléans édifia sur le flanc ouest du château, la salle des Neuf-Preux et, sur le flanc nord, celle des Neuf-Preuses.

Comme à Carcassonne, la ville domine des escarpements assez raides, mais ici le château ne fait pas partie de la cité ; bien que celle-ci soit fortifiée, elle est séparée du château par une basse-cour, sorte de place d'armes dans laquelle étaient disposés les écuries, les communs et les logements de la garnison.

Napoléon III avait eu la pensée de faire restaurer le château de Coucy et Viollet-le-Duc fut chargé d'établir le devis de la dépense en même temps que pour le château de Pierrefonds ; Coucy coûtait trop cher, Pierrefonds l'emporta.

3ᵉ journée. — Nous allons aujourd'hui à Châlons-sur-Marne ; il est midi lorsque nous arrivons et naturellement notre première visite est pour l'hôtel de la Haute-Mère-Dieu, où nous déjeunons.

Les Catalauni, tribu celtique ont laissé à la ville de Châlons leur nom, romanisé, réduit, qui signifiait les « prompts au combat » les « joyeux à la bataille ».

Sous la conduite de nos aimables confrères, MM. George et Gillet, nous nous
rendons à la cathédrale.

Construite de 450 à 1147, elle fut détruite
trois fois par des incendies. Monument de
l'école rhénane, les détails, le système de
construction et l'ornementation se rappro-
chent de l'école de Reims. Une restauration entreprise sous Louis XIV, acheva
de dénaturer ce qui restait du monument
du XIII° siècle.

L'église Notre-Dame a été bâtie au
XII° siècle ; deux des quatre tours sont
encore couvertes par des flèches en plomb.

L'église St-Alpin est un monument des
XIII° et XV° siècles.

Nous nous arrêtons un instant dans la
cour du séminaire, puis nous entrons à la
préfecture, ancien hôtel de l'Intendance
construit en 1744 De là nous gagnons la
magnifique promenade *du Jard* en passant devant la Caisse d'Epargne dont la
jolie tourelle se mire dans l'onde claire
d'un charmant ruisseau.

Maintenant, en voiture, et nous gagnons
le petit village de l'Epine.

On s'attend peu à trouver dans un petit
village une église ayant les allures d'une
cathédrale.

Construite au XV° siècle, c'est un des
exemples les plus complets de cette époque
qui termina tant d'églises et en construisit
si peu.

But d'un pèlerinage très fréquenté, le
monument abrite un puits placé dans le

transept de gauche; ses vertus prolifiques, suivant la légende, attirent chaque année un grand concours de population.

Quoiqu'il en soit, c'est un édifice d'une grande allure, fort riche et bien conservé; ses deux tours sont d'inégale hauteur, l'abside est couronnée par des gargouilles curieuses.

Ouvrons une parenthèse avant de quitter Châlons; si nos confrères se sont surpassés pour nous rendre notre séjour aussi agréable que possible, nous devons un hommage aux dames qui les accompagnaient. Mme Gillet, que nous n'avions pas vue depuis deux ou trois ans, a reçu avec la grâce et le charme dont elle a le secret, les aimables compagnes de nos confrères; si la présence de ces dames ajoute un attrait de plus à nos promenades, il contribue puissamment à maintenir le bon ton et les délicates prévenances qui marquent toutes nos réunions.

4ᵉ journée. — Nous voici de retour à Reims; nous consacrons notre matinée à visiter la ville. Voici d'abord *la Maison des Musiciens*, rue du Tambour.

« Elevée vers le milieu du x111ᵉ siècle, en 1250 environ, cette construction présente le type d'une des grandes et belles maisons de cette époque. Si le rez-de-chaussée qui porte encore les sommets de quatre arcs romans plein cintre du xiᵉ siècle n'est pas en bon état de conservation, le premier étage est pour ainsi dire intact. Les cinq arcades ogivales qui le décorent sont ornées de figures assises plus grandes que nature, représentant des musiciens de l'époque occupés à jouer de différents instruments.

Le premier à gauche bat du tambour ; le second joue de la cornemuse ; le troisième tenait sur la main un faucon qui n'existe plus ; le quatrième joue de la harpe et le cinquième du violon. C'était probablement la demeure d'un grand amateur de musique ou bien le lieu de réunion de sociétés qui avaient le culte de cet art en grand honneur. »

Nous nous rendons rue du Marc visiter la maison Couvert, voici ce que nous en dit M. Brunette :

« Cette maison est un ancien hôtel Renaissance, bâti sous François I{{er}}, et dont les façades intérieures ont grand style. On y admire de délicats médaillons, de vivants bas-reliefs. Mais le grand intérêt de la maison réside en d'admirables plafonds dont les poutres apparentes sont ornées de curieuses sculptures, et dont les solives ouvragées d'un admirable travail, sont de simples merveilles. Une très belle cheminée en pierre, dont le profil est encore celui des cheminées Louis XII, n'offre pas un moindre intérêt. »

Une maison extrêmement remarquable, en bois sculpté, est celle de la place du marché ; elle date du xv{{e}} siècle. On l'appelle la maison de « l'enfant dort » parce qu'elle portait autrefois un enfant sculpté en bois doré. Mauvais jeu de mots.

Citons encore, en passant, la place Royale créée, en 1759, sur les plans de l'architecte Le Gendre ; au milieu se trouve la statue de Louis XV ornée des groupes de *la France* et *du Commerce*, du sculpteur Pigalle ; dans le fond se détache l'ancien *hôtel des Fermes*, dont le fronton est décoré d'un beau bas-relief de Mercure.

Après avoir longuement admiré la superbe galerie de tableaux du propriétaire des Caves Pommery, nous nous rendons au Grand-Théâtre :

« Construit en 1866 sur les plans de M. Alphonse Gosset, ce monument, d'une belle ordonnance architecturale, peut être classé au nombre de ceux qui sont les mieux réussis. Le vaste portique, les nombreux dégagements et escaliers qui desservent chaque catégorie de places, assurent au besoin une sortie très rapide.

» La salle, précédée d'un vaste foyer, peut recevoir treize cents personnes. L'ensemble de la décoration est riche et, dans la salle comme dans le foyer, l'on peut admirer un grand nombre de peintures de valeur, dont les sujets sont empruntés soit à la mythologie, soit au répertoire du théâtre classique.

» Autour de la scène, qui se recommande par ses vastes proportions, sont placés tous les services qui lui sont propres. »

Passons rapidement à l'église Saint-Jacques, qui porte encore des traces des xiie et xive siècles, puis à l'église Saint-

Maurice, reconstruite en partie en 1867, et terminons nos visites par un pèlerinage à la statue de Jeanne d'Arc.

« Œuvre de l'éminent sculpteur, Paul Dubois, la statue de Jeanne d'Arc a été inaugurée sur le Parvis Notre-Dame, le 15 juillet 1896. Sur son cheval de bataille, dans un geste inspiré, Jeanne, recouverte de l'armure, est représentée tenant l'épée de la main droite. Certaines parties du monument révèlent de remarquables qualités artistiques et l'ensemble fait grand honneur au maître qui en a conçu le projet. »

A cinq heures avait lieu à l'Hôtel de Ville la distribution solennelle des récompenses décernées par l'Association Provinciale au personnel du bâtiment et aux ouvriers de la région du Nord-Est, puis, à huit heures, le banquet confraternel à la suite duquel nous prenions congé pour nous retrouver l'an prochain, à pareille époque, à Brest.

Juillet 1898.

H. SARTON.

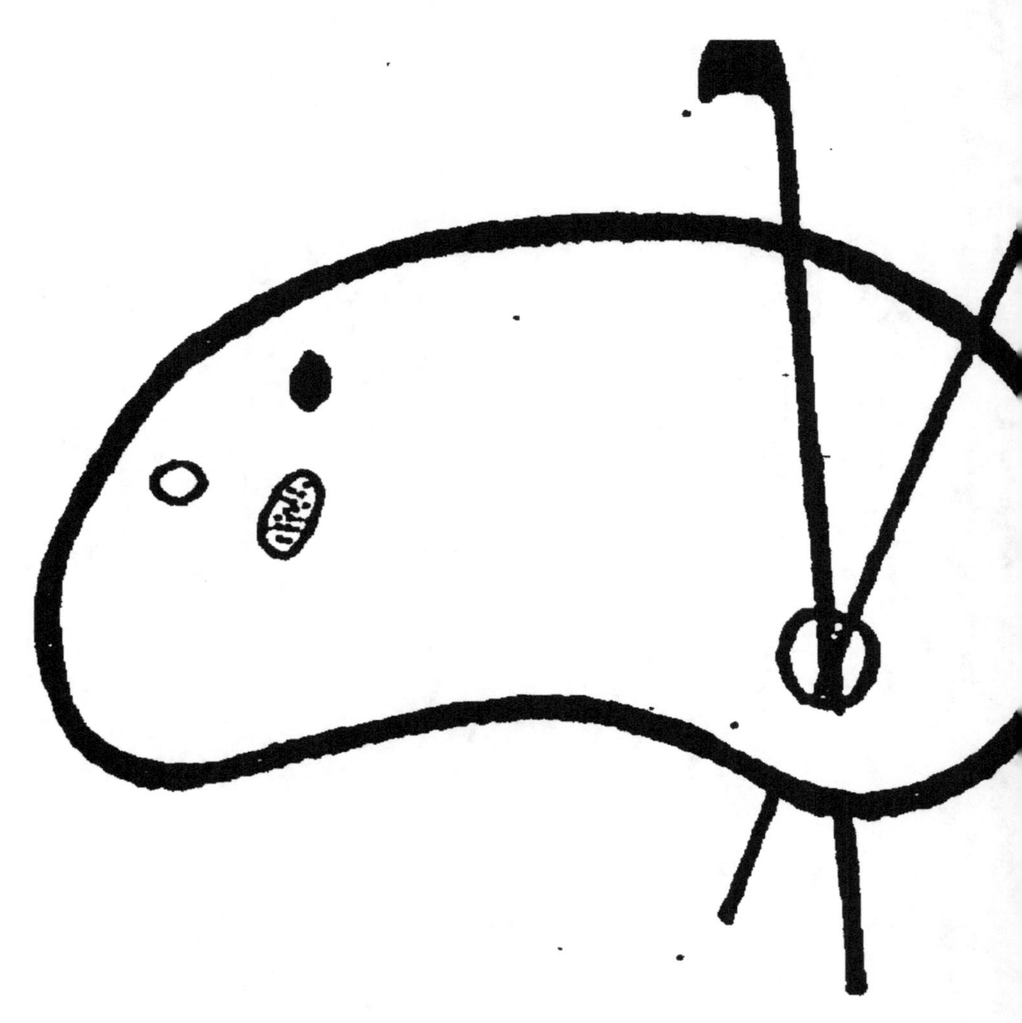

ORIGINAL EN COULEUR
HF Z 03-120-8

www.ingramcontent.com/pod-product-compliance
Lightning Source LLC
Chambersburg PA
CBHW061821060726
47597CB00008B/3302